Tee
Kultur & Genuß

Sara Slavin und Karl Petzke

Photographie: Karl Petzke

Art Direktion, Styling: Sara Slavin

Text: Lessley Berry

Design: Morla Design

Rezepte, Food Styling: Sandra Cook

HÄDECKE

 Titel der Originalausgabe:
Tea essence of the leaf
Chronicle Books LLC
85 Second Street
San Francisco, CA 94105

Aus dem Englischen übersetzt von Karl-Heinz Ebnet.
Redaktion: Mo Graff.

Satz: E. Schuhmacher, DTP, Magstadt
Printed in Hongkong

Walter Hädecke Verlag
D-71256 Weil der Stadt
2. Auflage 2001

ISBN 3-7750-0318-5

Inhalt

1 Entstehung

2 Wasser

3 Zeremonie

Danksagung

Um eine Tasse Tee aufzugießen, sind zwei einfache Zutaten nötig: Wasser und Teeblätter. Um ein Buch über Tee zu machen, ist sehr viel mehr notwendig, besonders harmonische Zusammenarbeit. Die Autoren dieses Buches möchten sich bei folgenden Personen für die uns gewidmete Zeit, Geduld und Kreativität herzlichst bedanken.

Nion McEvoy, Christina Wilson und Michael Carabetta von Chronicle Books für ihre unermüdliche Unterstützung und Ermutigung.

Jennifer Morla, die erneut unsere Erwartungen übertraf und diesem Buch ihre Ideen, ihren Esprit und ihre unerschöpfliche Kreativität angedeihen ließ.

Lessley Berry, die durch ihre wunderschönen Worte, ihr umfassendes Wissen und ihre vor nichts haltmachende Neugier dem Buch Lebendigkeit verlieh.

Sandra Cook, die uns von Anfang an ermutigte, das Thema nicht aus den Augen zu verlieren; die ihre Rezepte und unseren Gaumen immer wieder verfeinerte und die Kunst, Rezepte zu ersinnen, zu neuen Höhen führte.

Gina Amador, Leonard Koren und Tsunayo Kimizuka, die uns großzügig mit ihrer Zeit und ihrem Wissen unterstützten und vieles mit uns teilten, was sich als unschätzbar wertvoll für dieses Buch herausstellte.

Yusuko Matsui, die uns die Tür zu ihrem außergewöhnlichen Teehaus und ihren Kenntnissen als Lehrerin der Teezeremonie öffnete, so daß wir Einblick in diese großartige geistige Tradition gewinnen konnten.

Mustapha Abdedaim und die Geschäftsführung des Mariage Frères in Paris, die uns gestatteten, ihre verblüffende Sammlung von Teeartefakten und Memorabilia in ihrem Teemuseum zu photographieren.

Michael Spillane von der G. S. Haley Company, Teeimporteur aus Redwood City, Kalifornien, der uns eine Einladung zu einer Teeverkostung zukommen ließ.

Die Republic of Tea, die mit uns ihr umfassendes Wissen über Tee und Teeverkostung teilte.

Betty J. Shelton, Eigentümerin des Chai of Larkspur in Larkspur, Kalifornien, die uns erlaubte, ihren eleganten Salon de Thé zu photographieren.

Danksagung

Sara Fleming und die Geschäftsführung der American Classic Tea Plantation in Charleston, South Carolina, die uns einige Exemplare von *Camellia sinensis* zur Verfügung stellte.

Pierre de Gastines in Paris, der für uns einige der elegantesten Teetassen entwarf, die wir jemals gesehen haben.

Iris Fuller, Michael Potter und die Belegschaft des Fillamento, San Francisco; Sue Fisher King und ihre Belegschaft im Sue Fisher King in San Francisco; und die Besitzer und die Belegschaft des Dandelion, San Francisco, die uns erlaubten, ihre wunderbaren Teerequisiten zu benutzen.

Mr. und Mrs. Kobara, die uns in die Teezeremonie einführten.

Margot Rego, die uns liebenswürdigerweise unsere Teewärmer strickte.

Maria Vella vom Bomarzo, San Francisco, für die wunderbaren Teerosen.

Anne Culbertson von Morla Design für ihren kritischen Blick, ihre Geduld und ihren Humor.
Allyson Levy, die die Rezepte entwickelte und ausprobierte.

Emily und Peter Luchetti, George Dolese, Marcus Brown, Larry Tiscornia, Jack Jensen, Vic Zauderer, Deborah Jones, Jenny Thomas, Christina Salas-Porras, Roy Fong vom Imperial Tea Court in San Francisco, Gretchen Mittwer von der Urasenke Foundation in Kyoto, Japan, Dana May Casperson, Madame Chew vom Maison de la Chine in Paris und Nilus de Matran für ihr freundliches Entgegenkommen während dieses Projekts.

Der Hädecke Verlag bedankt sich bei Suzanne Hartmann von der Ostfriesischen Tee Gesellschaft, Laurens Spethmann GmbH & Co Seevetal, für die Informationen über Tee in Deutschland.

Wie immer ist dieses Buch Mark Steisel, Sybil Slavin, Kate Slavin und Lillian Moss gewidmet. - *S. S.*

Für die niemals fehlende Unterstützung, in Liebe Mari, Georgiann Petzke und Alfred Petzke gewidmet. - *K. P.*

1

Entstehung

Einfachheit

Tee. Tea. Thé. Cha. Chai. Ungeachtet des Namens, des Ortes, der Zeit, belebt das einfache Aufgießen von Blättern mit Wasser den Körper; es erfrischt die Sinne und besänftigt den Geist. In Beijing entzündet bei Tagesanbruch die Mutter das Feuer, das den Kessel für die gesamte Familie erwärmt. Ein Straßenverkäufer in Bombay balanciert in Erwartung der nachmittäglichen Hektik ein Tablett mit schwankenden Gläsern. Ein britischer Lord beendet seine Abendmahlzeit mit kleinen Schlucken aus dem Familienerbstück.

Tee kennt keine Grenzen. Er ist überall und für jeden erhältlich, kostet nur einige Pfennige pro Tasse und erfordert lediglich heißes Wasser und ein wenig Geduld, bis die Blätter ihr einzigartiges Aroma entfalten. Neben Wasser ist Tee das weltweit am meisten konsumierte Getränk.

Von Hangzhou bis Sansibar werden jährlich mehr als siebenhundert Milliarden Tassen zubereitet. Manche sind das Ergebnis aufwendiger Rituale, bei anderen wird beiläufig ein Teebeutel ins Wasser getaucht. Manche werden langsam und mit dem Genuß genippt, der sonst gutem Wein vorbehalten ist. Andere werden unterwegs hastig weggeschlürft. Vielen wird Milch zugegeben, sie werden mit Zucker oder Honig gesüßt, durch Zitronensaft aufgehellt oder mit Gewürzen und Kräutern aromatisiert. Die Zubereitung ist eine Frage der Tradition und des Geschmacks, die damit zugebrachte Zeit eine Sache der Vorliebe; der Genuß der trockenen, runzligen und in Wasser getauchten Blätter aber ist überall gleich.

Assam. Balasun. Berubeula. Bohea. Bombagalla. Chittagong. Chun Mee. Da Fang. Darjeeling. Dimbula. Dragon Well. Earl Grey. Emai Ruizi. English Breakfast. Fonghwang Tanchung. Formosa Oolong. Galaboda. Genmaicha. Goomtee. Gunpowder. Gyokuru. Hainan Black. Hojicha. Irish Breakfast. Keemun. Kooloo. Kukicha. Lan-Hsiang. Lapsang Souchong. Lichee Black. Lingyun White Down. Liu Xi. Makaibari. Maloon. Matcha. Millikthong. Mityana. Namring. Nilgiri. Nonaipara. Nunsuch. Nuwara Eliya. Pai Mu Tan. Panyang Congou. Pettiagalla. Pi Lo Chun. Piupao. Pouchong. Pu-erh. Puttabong. Ratnapura. Rose Congou. Rungagora. Russischer Karawanentee. Sankar. Se Chung. Sencha. Shui Heien. Tencha. The-resia. Tin Kuan Yin. Tommagong. Tunxi Green. Uda Radella. Uva Highlands. Yin Zhen. Yingteh Black. Yulu. Yünnan.

Die Aufzählung herausragender Teeimporte ist eine Litanei ganz eigener Poesie. Viele Tees – Yünnan, Darjeeling, Assam – sind nach der Region oder dem Dorf benannt, aus dem sie stammen. Andere wie Gunpowder erhielten ihren Namen vom Aussehen der verarbeiteten Blätter. Einige wenige Tees verdanken ihre Bezeichnung einem Mythos: Tin Kuan Yin (Göttin der Gnade) erhielt angeblich seinen Namen von einem armen Bauern, der einen Tempel mit der Statue dieser barmherzigen Bodhisattva pflegte. Zum Zeichen ihrer Dankbarkeit schickte ihm die Göttin den Schößling einer Teepflanze, und durch die nachfolgenden Ernten gelangte er zu Wohlstand.

Wie es sich für ein Getränk gehört, das über die Jahrhunderte vom Osten in den Westen gelangte, das Rebellionen entfachte und Vermögen begründete, liegen die Ursprünge des Tees im Ungewissen. In China wird er auf Kaiser Shen-nung zurückgeführt, einen gesundheitsbewußten Monarchen, der Wasser nur abgekocht zu sich nahm und glaubte, er werde so ein hohes Alter erreichen. Eines Tages, es war um etwa 3000 v. Chr., flogen einige Blätter von einem nahegelegenen Strauch in seine dampfende Tasse. Der Herrscher stellte fest, daß ihm das neue Getränk guttat, und der Tee war erfunden.

Nach einer japanischen Legende gehen die Anfänge der Pflanze auf Prinz Bodhidharma zurück, einen Wandermönch und bußfertigen ehemaligen Frauenheld. Nachdem er von seinen einstigen Eroberungen träumte, soll er sich beim Erwachen aus Reue die Augenlider ausgerissen haben. Als er später an jenen schicksalhaften Ort zurückkehrte, fand er an ihrer Stelle einen ungewöhnlichen Strauch vor. Er aß von dessen Blättern und wurde zu frommen Meditationen angeregt.

In Indien, heißt es, habe derselbe Prinz eine Pilgerfahrt nach China auf sich genommen, während der er niemals zu schlafen gelobte. Nach fünf Jahren überkam ihn jedoch die Müdigkeit, da aß er von den Blättern eines ihm unbekannten Strauchs, und es gelang ihm, sein Gelübde zu erfüllen. Die Geschichten um Bodhidharmas Teeproben gehören ins Reich der Legenden, der Prinz aber reiste wirklich nach China und wird dort noch heute als Begründer des Zen-Buddhismus verehrt.

Salat von grünem Tee

Dieser Salat aus Burma vereinigt Scharfes, Saures, Süßes und Salziges. Traditionell wird er am Ende einer Mahlzeit gegessen, er eignet sich aber auch hervorragend als kleine Vorspeise

2 EL grüner Tee
1 ½ EL Fischsauce
2 EL Zitronensaft
2 EL Sojasauce
1 EL frischer, in kleine Streifen geschnittener Ingwer
¼ Jalapeño-Chili, ohne Samen, klein geschnitten
2 dünn geschnittene und angebratene Knoblauchzehen
2 EL geraspelte und geröstete Kokosnuß
3 EL kleingehackte und geröstete Erdnüsse
1 EL geröstete Sesamsamen
250 g kleingeschnittener Romana-Salat
50 g kleingeschnittene Tomaten
2 Zitronenachtel

Teeblätter, Fischsauce, Zitronensaft, Sojasauce, Ingwer, Jalapeño und Knoblauch zusammen in eine kleine Schale geben und 15 bis 20 Minuten ziehen lassen. Die geraspelte Kokosnuß, Erdnüsse und Sesam dazugeben und vermischen. Salat und Tomaten vermengen. Erst kurz vor dem Servieren alle Zutaten mischen und auf zwei Tellern anrichten. Mit den geachtelten Zitronen garnieren.

Ergibt zwei Portionen.

Camellia sinensis

Die Pflanze, um die sich diese Mythen ranken, heißt *Camellia sinensis*, eine fernöstliche Verwandte der Kamelie. Ihre kleinere, kleinblättrige chinesische Varietät kann über hundert Jahre alt werden und erreicht eine Höhe von vier Meter fünfzig. Der ertragreichere Assam-Strauch, die zweite Varietät, wird bis zu zwanzig Meter hoch, seine Lebensspanne beträgt nur etwa fünfzig Jahre.

Beide Varietäten bevorzugen warmes, sehr feuchtes tropisches bis subtropisches Klima. Die kühleren Temperaturen hoher Lagen beeinträchtigen das Wachstum, intensivieren aber das Aroma. Viele der besten Tees wie der indische Darjeeling, der chinesische Yünnan oder der srilankische Uva stammen daher aus Gebirgsregionen. Teegärten, wie die Plantagen auch heißen, können winzige Felder sein, aber auch riesige Gebiete, die ganze Berghänge mit einem dunkelgrünen Teppich überziehen. Die Zweige werden gestutzt, um das Wachstum anzuregen und die Ernte zu erleichtern.

Gepflückt wird – zum größten Teil noch immer mit der Hand und meist von Fauen –, wenn der Flush (die ersten Blätter) austreibt. Zeitpunkt und Häufigkeit der Ernte sind vom Klima abhängig. Es werden die ersten beiden Blätter und die Knospe gepflückt, die den ausgezeichneten erstklassigen Tee ergeben. Tee minderer Qualität enthält drei oder mehr Blätter. Von den Gärten werden die Blätter zur Fabrik gebracht, die oft nur eine Wellblechhütte ist. Dort werden sie gewelkt, gerollt, fermentiert und getrocknet, bis daraus Tee entsteht.

AMY TAN
THE JOY LUCK CLUB

Im Osten, sagte meine Mutter
mir einst, nimmt alles seinen Anfang;
dort geht die Sonne auf,
von dort kommt der Wind.

Verwandlungen

So wie Wein, Champagner und Cognac auf *Vitis vinifera* beruhen, sind schwarzer, grüner und Oolong-Tee nur verschiedene Endprodukte der *Camellia sinensis.* Die Unterschiede zwischen diesen drei Teearten beruhen auf der Oxidation, der Reaktion der Pflanzenenzyme mit Sauerstoff, gewöhnlich als Fermentierung bezeichnet. Schwarze Tees sind ganz fermentiert und Oolong-Tees halb; grüne Tees sowie die seltenen und teuren weißen Tees sind überhaupt nicht fermentiert.

Grüne Tees unterscheiden sich nur wenig von den Blättern, die einst Kaiser Shen-nungs legendärer ersten Tasse ihr Aroma verliehen. Die frisch gepflückten Blätter werden schnell erhitzt, um die Enzyme zu deaktivieren und den Fermentiervorgang zu vermeiden. Sie sind nun weich und geschmeidig und können zu ihrer charakteristischen Gestalt gerollt werden: zu Spiralen für den Pi Lo Chun, dünnen Windungen für den Chun Mee, schlanken Nudeln für den Lingyun White Down, winzigen Kügelchen für den Gunpowder. Schließlich läßt man den Tee in mechanischen Trocknern oder auf heißen Pfannen trocknen.

Bei schwarzen Tees beginnt der Vorgang mit dem Welken. Man streut die Blätter in dünnen Lagen auf Siebe oder offene Tröge und läßt sie in einer warmen Umgebung acht Stunden bis zu einem Tag stehen. Die Blätter welken, verlieren dabei ihre charakteristische Festigkeit und bis zur Hälfte ihres Gewichts. Erst dann folgt das Rollen, wobei die freigesetzten Enzyme die Fermentierung einleiten. Anschließend bringt man die runzligen Blätter in einen kühlen, feuchten Raum, wo man sie etwa zehn Zentimeter hoch auf Tabletts ausbreitet. Die natürlichen Gerbstoffe reagieren mit der feuchten Luft, die Blattschicht erwärmt sich dabei wie ein Komposthaufen und kühlt dann langsam ab, wobei sich die Blätter von Gelb über Rot zu Dunkelbraun verfärben.

Der berühmte Formosa Oolong, der als der Champagner unter den Tees gilt, erhält seinen spritzigen, fruchtigen Flavour durch eine verkürzte Welkperiode – sie dauert nur vier bis fünf Stunden –, worauf eine halbe Fermentierung folgt. Der Prozeß wird abgebrochen, sobald sich der äußere Rand der Blätter grünlich-braun verfärbt, dann wird der Tee getrocknet und gerollt.

Der fertige Tee, ob grün, schwarz oder Oolong, wird nun sortiert. Orange Pekoe, als Teebeutel weltweit zu Ruhm gekommen, ist keine Teeart, sondern ein Sortierungsgrad. Der Großteil des Tees wird in mit Metallfolien ausgeschlagene Holzkisten verpackt und zu den Auktionen in Kalkutta, Colombo, Mombasa, Yokohama sowie in die europäischen Teezentren Hamburg, Amsterdam und London gebracht. Dort prüfen Broker, die Importeure aus der gesamten Welt vertreten, die neueste Ernte und geben ihre Gebote ab. Diese Auktionen sind vornehme Angelegenheiten: höflich, gelassen und gentlemanlike.

Eis am Stiel aus grünem Tee und Rosenblättern

Ein gesunder, alternativer Genuß.
Er läßt sich aus jedem Tee zubereiten.

700 ml Wasser
1½ EL grüner Tee (oder etwa drei Teebeutel)
50 g einzelne kleine, unbehandelte Rosenblätter

Das Wasser zum Kochen bringen, von der Herdplatte nehmen und über den Tee in einen Keramiktopf gießen. Eisformen locker mit den Rosenblättern füllen. Tee fünf Minuten ziehen lassen und in die Eisformen geben. Im Gefrierfach dreißig Minuten vorgefrieren, dann Holzstöckchen in die Mitte der Eisformen stecken. (Das ist auch ein guter Zeitpunkt, um die eingeschlossenen Rosenblätter gleichmäßig zu verteilen.) So lange gefrieren lassen, bis die Masse fest ist, und sofort servieren.

Ergibt sechs Portionen.

DARJEELING IMPRESSIONEN

Darjeeling, vor Sonnenaufgang. In der kühlen Gebirgsluft liegen leichte Regenschwaden, hinter denen die Erinnerungen an Kalkuttas Slums verblassen. Das niedrige Haus, auf 1800 Meter Höhe gelegen, wurde für die Teebauern der Raj errichtet. Deren Erbe lebt in der ärmellosen Jacke und im Turban des Dieners fort, der vergangenen Abend das Essen servierte; in den dunkelgrünen Pflanzen, welche die Berghänge überziehen, den Namen der Gärten, die Castleton, Bloomfield und Margaret's Hope heißen.

Das Taxi kommt nahezu pünktlich; sein mit Fransen bedecktes Inneres ist teils privater Schrein, teils ratternder Salon. Stotternd erklimmt es den Tiger Hill. Der warme Trunk des Tee-Wallahs hält die Kühle fern. Die Gipfel des Kanchenjunga und Everest sind zu sehen, tiefhängende Wolken tauchen die darunterliegenden üppigen Hügel in ein quellendes Grau. Die Leute heißen den Sonnenaufgang willkommen; der Abstieg zu einem weiteren Arbeitstag kann beginnen. Der rollende Schrein holpert nun zu den Gärten hinab.

Es ist die Jahreszeit des First Flush, der begehrtesten Ernte in der Region. Zwischen den hüfthohen Sträuchern pflücken braunäugige Frauen die Juwelen von den Pflanzen, dabei klimpern ihre Schmuckreifen an den Handgelenken. In der Fabrik enthüllen die intensiven Aromen die Feinheiten dieses hochgeschätzten Tees. Der Koster bereitet eine Tasse zu. Muskattrauben aus Sauternes, schwarze Johannisbeeren von den britischen Inseln, Mandeln vom Mittelmeer: Die Gerüche fließen ineinander wie süßer Honig, hier in dieser gebirgigen Region Indiens.

2

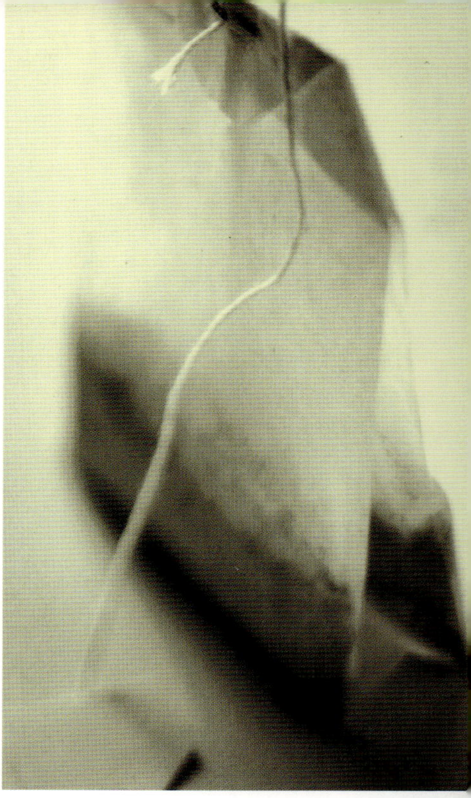

Wasser

H_2O

Wasser ist für den Tee ebenso wichtig wie die Blätter selbst. Ohne Wasserstoff- und Sauerstoffmoleküle gäbe es kein Leben und keinen Tee — aber auch Wasser ist nicht immer gleich. Frühe chinesische Teemeister sollen so sensible Gaumen besessen haben, daß sie zu sagen vermochten, ob eine Tasse Tee mit Wasser von Ufernähe, von der quirligen Flußmitte oder von einem Brunnen aufgegossen wurde. Lu-Yu, der in seinem klassischen Werk *Ch'a Ching* im 8. Jahrhundert als erster umfassend über Tee schrieb, empfahl an erster Stelle Quellwasser, gefolgt von Fluß- und Brunnenwasser. In den Gründerjahren Manhattans legten die teeliebenden holländischen Siedler im gesamten Stadtbereich Pumpen an, damit sie sich jederzeit aromatischen Tee zubereiten konnten.

Frische und Reinheit sind zweifellos von Bedeutung. Der im Wasser enthaltene Sauerstoff trägt entscheidend zum Aufguß bei: Wasser, das lange in der Leitung oder im Wasserkocher steht, wird schal und es verliert seine wesentlichen Bestandteile. Man kann Wasser aber auch zu Tode kochen. Hinsichtlich der Reinheit beeinträchtigen Kalzium, Magnesium und Eisen in hartem Wasser das Aroma und den Geschmack des Tees (manche Erzeuger bieten besondere Mischungen an, um dem vorzubeugen); sie können den Aufguß trüben oder auf der Oberfläche einen unansehnlichen Film erzeugen. Der Connaisseur verwendet daher bei der Teezubereitung weiches, frisches Wasser und dreht die Temperatur zurück, sobald das Wasser zu kochen beginnt.

SU DONG PO,
Dichter der Sung-Dynastie

Lebendiges Wasser ist mit lebendigem Feuer zu kochen,
tiefes, klares Wasser hole ich vom Felsen der Fischer.
Ein großer Kübel, darin der Mond, aufbewahrt im
Glas für den Frühling,
die kleine Kelle, sie teilt den Strom, in einer Flasche
für den Abend.

Utensilien

Neben frischem Wasser sind in Lu-Yus Abhandlung vierundzwanzig verschiedene Requisiten für die Teezubereitung beschrieben. Heute müssen Teeliebhaber keinen ganzen Schrank mehr für Utensilien bereitstellen: Eine Teekanne, ein Filter oder Sieb, eine Tasse und eine Teedose genügen.

Teekannen gibt es in verschiedensten Formen, Größen und Materialien. Die frühesten stammen wohl aus Yixing, einer Stadt, deren Steingut-Kannen heute noch gerühmt werden. Unglasiertes Steingut sollte jedoch nur für den Tee verwendet werden, da die poröse Oberfläche Gerüche aufnimmt und weitergibt. Die für viktorianische Teegesellschaften unerläßlichen Silberkannen leiten die Wärme vom Tee weg, ein Nachteil, der durch die Eleganz wettgemacht wird. Glasiertes Steinzeug und Porzellan sind sehr zu empfehlen, und Glaskannen erlauben den faszinierenden Anblick der herumwirbelnden Teeblätter.

Filter oder Siebe sorgen dafür, daß keine Blätter in die Tasse geraten. Sie können aus einem Keramik- oder Glaseinsatz bestehen, der bereits in der Kanne die Blätter zurückhält, einem metallenen Tee-Ei oder einem Filterbeutel aus Naturfasern. Daneben gibt es Bambus-, Draht- oder Silbersiebe zum Abseihen der Blätter.

Tassen gibt es in unendlicher Auswahl – von zierlichen Porzellangefäßen über Glas bis zu groben Keramikschalen. In China und Japan werden kleine henkellose Schalen bevorzugt (die ersten, die nach Europa kamen, faßten lediglich wenige Schlucke). In Rußland und Marokko verwendet man lieber Teegläser. Die Henkeltasse ist eine englische Erfindung, die aus Krügen hervorging, in denen man zur damaligen Zeit heiße Toddys (eine Art Grog auf Whiskybasis) ausschenkte.

Ein Teebehälter vervollständigt die Gerätschaften. Aufbewahrungsdauer, Licht, Feuchtigkeit und andere Aromen sind die natürlichen Feinde des Tees. Daher sollte man Tee in kleinen Mengen kaufen und in einem luftdichten, lichtundurchlässigen Behälter aufbewahren.

Wer gerne länger bei einer Kanne Tee verweilt, sollte sich noch einen Teewärmer zulegen. Sie sind meist aus Wolle oder wattiertem Material hergestellt. Es gibt elegante oder skurrile Entwürfe – etwa in Gestalt schlummernder Katzen, berühmter Bauwerke, Hauben mit eingesticktem Monogramm oder Uhren, deren Zeiger auf vier Uhr stehen, der traditionellen Tea-Time. Unabhängig von den persönlichen Vorlieben bleibt der Tee durch die zusätzliche Isolierung länger warm.

Zubereitung

Die Zubereitung der perfekten Tasse Tee ist unter Teeliebhabern Thema endloser Diskussionen. Aus der Vielzahl der Rezepte und Empfehlungen lassen sich jedoch gewisse Grundregeln ableiten.

Man nehme möglichst frisches und reines Wasser. In Flaschen abgefülltes Wasser steht oft lange im Laden und kann dessen Eigengeruch annehmen. Deshalb empfiehlt sich gefiltertes Leitungswasser, das man etwa dreißig Sekunden laufen läßt, damit der abgestandene Teil in der Leitung abfließt.

Teeblätter brauchen beim Ziehen Entfaltungsspielraum. Die Filter sollten daher groß genug sein, damit sie das Anschwellen der Blätter nicht behindern, und dürfen keinen Eigengeruch verströmen. Neben Kannen mit Siebeinsatz sind Filter aus Naturfasern anzuraten.

Ob die Kanne vorgewärmt oder angefeuchtet werden soll, ist umstritten. Letztendlich aber spielt es kaum eine Rolle. Gewiß sollte die Kanne nicht kalt sein, und es ist durchaus zu empfehlen, zartes Porzellan in einem heißen Wasserbad vorzuwärmen.

Zur Teemenge gibt es ebenfalls keine feste Regel. Entscheidend ist der persönliche Geschmack. Ein Teelöffel pro Tasse ist ein guter Ausgangspunkt; die köstlichen grünen oder weißen Tees können bis zum Doppelten dieser Menge erfordern.

Die ideale Wassertemperatur variiert je nach Teesorte. Für schwarze und Oolong-Tees sollte das Wasser gerade zu sprudeln beginnen – bei zu langem Kochen wird es schal und beeinträchtigt den Geschmack des Aufgusses. Um das zarte Aroma von grünen und weißen Tees zu bewahren, sollte das kochende Wasser auf etwa 70 Grad Celsius abgekühlt werden.

Die ideale Ziehdauer hängt von der Teesorte und der Größe der verwendeten Blätter ab. Schwarze Broken und alle grünen Tees sollten etwa drei Minuten ziehen, schwarze Blatt- und Oolong-Tees zwischen fünf und sieben Minuten, abhängig von ihrer Aromastärke und dem persönlichen Geschmack. Weiße Tees brauchen sieben bis fünfzehn Minuten. Läßt man den Tee zu lange ziehen, wird er bitter; muß der Tee noch ruhen, so nimmt man die Blätter heraus und hält die Kanne durch einen Teewärmer warm.

Zum Reinigen der Kanne genügt es, sie mit heißem Wasser auszuspülen. Spülmittel können einen Film hinterlassen, der künftige Zubereitungen beeinträchtigt. Um Schimmelgeruch zu vermeiden, legt man ein Zuckerstück in die offene Kanne. Sollte Tee dennoch nach Schimmel riechen, spült man die Kanne gut aus, gibt einige Spritzer Zitronensaft hinein, fügt kochendes Wasser dazu und läßt es vierundzwanzig Stunden ziehen.

Achtung: Tee hinterläßt Flecken. Landen einige Tröpfchen auf einem edlen Tischtuch, sofort mit Zitrone oder heißer Seifenlauge auswaschen. Bei Wolle oder Seide empfiehlt sich in warmem Wasser aufgelöstes Eigelb; leicht einreiben und trocknen lassen.

Fruchtschale mit schwarzem Johannisbeertee

Die Früchte in diesem leichten Dessert können variieren. Sämtliche Beerensorten eignen sich hervorragend.

600 ml Wasser
250 ml süßer Weißwein
2 EL schwarzer Johannisbeertee
2 etwa sieben Zentimeter lange, aufgeschnittene und halbierte Zitronengrasstengel
4 Thymianzweige
Mark von 3 reifen Passionsfrüchten
2 entkernte und gewürfelte Mangos
½ gewürfelte Honigmelone

Vier flache Suppenschalen kühl stellen. Das Wasser zusammen mit dem Wein fast bis zum Siedepunkt erhitzen. Von der Kochstelle nehmen und den Tee einrühren; drei bis vier Minuten ziehen lassen. Die Teemischung durch ein Sieb in eine Keramikschale mittlerer Größe gießen. Das Zitronengras, den Thymian und das Obst dazugeben. Im Kühlschrank kalt stellen und nach fünfzehn Minuten einmal umrühren. In die gekühlten Suppenschalen geben.

Ergibt vier Portionen.

se composent
556
216
230
96

Verkostung

Leicht, fruchtig, intensiv, weich, lieblich, blumig. Das Vokabular des Teekosters erinnert an das des Sommeliers. Bevor der Tee in die Läden kommt, wird er unzählige Male gekostet: Beim Erzeuger, im Auktionshaus, beim Importeur beurteilen professionelle »Teataster« die getrockneten und gebrühten Blätter nach Aussehen und Aroma, den Aufguß nach Farbe, Klarheit und Geschmack. Eingedenk der Zeiten, in denen skrupellose Teehändler ihre Produkte verfälschten, betrauten viele Importländer Prüfer eigens mit der Beurteilung der Ware. Wie vollendete Weinkenner können diese Experten die Herkunft eines Tees bestimmen, ohne auf das Etikett blicken zu müssen.

Obwohl nur wenige über einen ähnlich sensiblen Gaumen verfügen, ist die Teeverkostung ein vergnüglicher Zeitvertreib, bei dem man die Feinheiten des Tees wahrzunehmen lernt. Will man es professionellen Kostern gleichtun, nehme man einige weiße Tassen (Experten benutzen Schalen und brühen den Tee zum Filtern der Blätter in Kannen mit Siebeinsatz auf). Die Wassertemperatur sollte konstant bleiben, ebenso die Menge an Wasser und Tee (ein Teelöffel pro Tasse). Tassen in einer Reihe aufstellen, Tee abmessen und kochendes Wasser dazugeben. Hat sich das Wasser etwas abgekühlt, holt man mit dem Löffel einige der aufgegossenen Blätter heraus und inhaliert das Aroma. Kosten Sie vom Löffel, schlürfen Sie energisch, so daß der gesamte Gaumen vom Tee umspült wird. Vergleichen Sie vier Darjeeling mit vier Ceylon-Tees, oder kosten Sie zuerst einen Tee und versuchen ihn dann unter vier oder fünf anderen herauszuschmecken. Machen Sie sich Notizen und schwelgen Sie in den feinen Nuancen des Tees.

Bodenqualität, Klima, Erntezeit und Verarbeitung beeinflussen das Aroma des Tees. So kann ein hochlagiger Ceylon-Tee in einem Jahr geradezu himmlisch, im nächsten blaß und schal schmecken. Der alltägliche Teeliebhaber wird jedoch niemals einen Jahrgangstee aus Ceylon zu kosten bekommen, da die meisten Angebote, selbst Spitzentees, Mischungen sind. Blends können bis zu dreißig verschiedene Tees enthalten, die vom *Taster* aufwendig zusammengestellt werden, um die charakteristischen Eigenheiten des Erzeugers zu erhalten.

Jeder Tee ist das Ergebnis von Naturkräften und menschlicher Kunst; so darf es nicht verwundern, wenn Puristen vor der Zugabe von Milch, Zucker, Honig oder Zitrone zurückschrecken. Daß Tee mit fremden Aromen behandelt wird, entsprang zweifellos dem Wunsch, den Geschmack von Lieferungen minderer Qualität zu übertünchen. Lediglich die Chinesen bevorzugten jahrhundertelang reinen Tee.

In Rußland, das einst mit Kamelkarawanen beliefert wurde, fügte man Zitronenscheiben zu, vermutlich um den von den Blättern unterwegs angenommenen Staubgeschmack zu überdecken. Im Nahen Osten wurde Karawanentee mit teurem, von Wohlstand zeugendem Zucker gesüßt. Die Holländer, die den Tee nach Europa brachten, gaben Milch zu, um das Bittere des starken schwarzen Tees zu mildern. In Großbritannien wurde aus dieser Gewohnheit eine Institution. Und jeder weiß, daß ein Klacks Honig im Tee gut ist gegen einen rauhen Hals. Als Faustregel für ehrgeizige Teeliebhaber gilt: den Tee erst pur kosten, dann probieren, wohin einen der Gaumen führt.

Pfefferminztee-Plätzchen mit Bitterschokolade

Diese köstlichen knusprigen Plätzchen werden mit Pfefferminztee gemacht. Man kann aber auch grüne Minze oder beides zusammen verwenden.

2 TL brauner Zucker
175 g weißer Zucker
125 g Butter (Raumtemperatur)
1 ganzes Ei
1 Eigelb
1 TL Zitronensaft
1½ TL Pfefferminzteeblätter
(oder Inhalt eines Teebeutels)
350 g Mehl
125 g Bitterschokolade

Braunen und weißen Zucker sowie die Butter verrühren, bis die Masse leicht und locker ist. Ei, Eigelb, Zitronensaft und Teeblätter dazugeben und verrühren. Mehl hinzufügen und zu einem Teig kneten. Zu einer Kugel formen, in Cellophan wickeln und eine halbe Stunde im Kühlschrank ruhen lassen. Den Herd auf 200 Grad C vorheizen. Arbeitsfläche leicht mit Mehl bestäuben und den Teig etwa drei Millimeter dünn ausrollen. Mit einer runden Ausstechform (fünf Zentimeter Durchmesser) die Plätzchen ausstechen und auf einem mit Backpapier ausgelegten Blech aufreihen. Etwa zehn Minuten backen lassen, bis die Plätzchen an den Rändern golden werden. Dann die Schokolade im heißen Wasserbad schmelzen (oder in der Mikrowelle, drei Minuten in der Auftau-Einstellung). Die abgekühlten Plätzchen in die Schokolade tauchen und auf Wachspapier auslegen, bis die Schokolade fest wird.

Ergibt etwa zwei Dutzend Plätzchen.

MARCEL PROUST

AUF DER SUCHE NACH DER VERLORENEN ZEIT

Viele Jahre lang hatte von Combray … nichts für mich existiert, als meine Mutter an einem Wintertage, an dem ich durchfroren nach Hause kam, mir vorschlug, ich solle entgegen meiner Gewohnheit eine Tasse Tee zu mir nehmen. Ich lehnte erst ab, besann mich dann aber, ich weiß nicht warum, eines anderen. Sie ließ darauf eines jener dicken ovalen Sandtörtchen holen, die man »Madeleine« nennt und die aussehen, als habe man als Form dafür die gefächerte Schale einer St.-Jakobs-Muschel benutzt. Gleich darauf führte ich, bedrückt durch den trüben Tag und die Aussicht auf den traurigen folgenden, einen Löffel Tee mit dem aufgeweichten kleinen Stück Madeleine darin an die Lippen. In der Sekunde nun, als dieser mit dem Kuchengeschmack gemischte Schluck Tee meinen Gaumen berührte, zuckte ich zusammen und war wie gebannt durch etwas Ungewöhnliches, das sich in mir vollzog. Ein unerhörtes Glücksgefühl, das ganz für sich allein bestand und dessen Grund mir unbekannt blieb, hatte mich durchströmt. Mit einem Schlage waren mir die Wechselfälle des Lebens gleichgültig, seine Katastrophen zu harmlosen Mißgeschicken, seine Kürze zu einem bloßen Trug unsrer Sinne geworden; es vollzog sich damit in mir, was sonst die Liebe vermag, gleichzeitig aber fühlte ich mich von einer köstlichen Substanz erfüllt; oder diese Substanz war vielmehr nicht in mir, sondern ich war sie selbst.

Wohlbefinden

Tee wirkt nicht nur anregend, er steigert auch das Wohlbefinden. Tee galt zunächst als Medizin. Die Begeisterung für sein Aroma ließ bald schlürfend einzunehmende Kräuterrezepturen entstehen. Chronisten und Händler verbreiteten sich über seine Vorzüge und priesen ihn als Allheilmittel gegen Gicht und Rheuma bis hin zur Erkältung. Mittlerweile ist wissenschaftlich nachgewiesen, daß manche dieser Annahmen durchaus begründet sind.

Studien zeigen, daß seine einzigartige Zusammensetzung aus Koffein, ätherischen Ölen und Polyphenolen – jenen Wirkstoffen, die fälschlicherweise als Tannin bezeichnet werden –, die Verdauung anregt, sich günstig auf die Blutgefäße auswirkt. Koffein, von dem Tee etwa sechzig Prozent weniger enthält als Kaffee, wirkt harntreibend. Seine anregende Wirkung fördert die Verdauung und erhöht den Gehirnstoffwechsel. Ätherische Öle sind an der Emulsion von Fetten beteiligt, Polyphenole mindern die Aufnahme von Cholesterin ins Blut und können eventuell Krebs vorbeugen.

Auch die Behauptung, Tee lindere Erkältungssymptome und wirke vorbeugend, läßt sich belegen. Grüner Tee weist einen hohen Anteil an Vitamin C auf – ein erstaunliches Phänomen, da diese Nährstoffe sonst durch Hitze zerstört werden. Alle Tees, besonders grüner, enthalten Fluoride, die Zähne und Knochen stärken. Wer gelegentlich an Tee nippt, darf keine Wunder erwarten, aber eine gute Tasse ist sicherlich ein ungetrübter Genuß.

Garnelen in Lapsang-Sauce

Ein Salat von ungewöhnlichem Aroma. Er läßt sich schnell zubereiten und paßt hervorragend zu chinesischen Nudeln.

500 g grüne Salatblätter (Kopfsalat, Romana)
1 EL Butter
1 kleingehackte Knoblauchzehe
1 EL abgeriebene Schale einer unbehandelten Orange
250 ml aufgegossener Lapsang-Souchong-Tee
1 EL Balsamico-Essig
1 EL Honig
1 EL helle Sojasauce
20 große, geschälte und entdarmte Garnelen

Salatblätter gleichmäßig auf vier Teller verteilen. Butter in einer großen Sauteuse bei mittlerer Hitze schmelzen. Wenn sie zu schäumen beginnt, Knoblauch zugeben und glasig werden lassen. Die geriebene Orangenschale hinzufügen und schnell, etwa fünfzehn Sekunden lang, mit dem Knoblauch verrühren. Dann Tee, Essig, Honig und Sojasauce in die Pfanne geben und zum Sieden bringen. Garnelen zugeben und weitere drei bis dreieinhalb Minuten kochen lassen, bis die Garnelen nicht mehr glasig und fest sind. Die warmen Garnelen mit der Sauce von der Pfanne auf den Salatblättern servieren.

Ergibt vier Salatportionen.

Aufgrund der heilsamen Eigenschaften zeigten sich Teetrinker weltweit äußerst kreativ, wenn es galt, die welken Blätter anderweitig zu nutzen. Vieles davon entstammt zweifellos der Märchenwelt. So versichert ein französischer Kalender, daß selbst auf dem kahlsten Schädel eine wahre Löwenmähne sprieße, wenn man sich nur eine Woche lang den Kopf mit Tee wäscht. Im Sudan legen Mütter Teeblätter in schmerzende Kinderohren, um Infektionen zu kurieren. Und ein englisches Ehepaar verabreicht seinem Cockerspaniel allabendlich eine Schale Tee und schwört darauf, daß sein Fell deswegen so glänze.

Tee wird seit langem auch von jenen zweibeinigen Wesen geschätzt, die sich nach dem Teint einer Porzellanpuppe sehnen: Kühler Tee belebe die Haut, und kalte Teebeutel seien wohltuend für müde Augen. Auch der Kosmetikindustrie blieb seine verschönernde Eigenschaft nicht verborgen: Tee ist Bestandteil nicht nur eines beliebten Schönheitstranks.

Dem Erfindungsreichtum sind keine Grenzen gesetzt. Sonnenbadende Teetrinker kühlen Verbrennungen mit teegetränkten Kompressen und nützen dessen tönende Eigenschaft, um sich schon vor dem Urlaub eine ansehnliche Bräune zuzulegen. Flohmarktprofis verleihen durch dieses Pigment vergilbtem Leinen den Anschein von natürlichem ecru. Wer geruchsempfindlich ist, reibt nach Fisch riechende Pfannen mit nassen Teeblättern ein oder legt benutzte Teebeutel in den Kühlschrank. Und Gartenfreunde düngen ihre Lieblingspflanzen mit aufgegossenem Tee. Überlegen Sie es sich also gut, bevor Sie die in der Kanne verbliebenen Teeblätter in den Abfall werfen.

TEELADEN
IMPRESSION

An den Wänden Regale mit schwarzen Dosen aus vergangenen Zeiten, jede davon mit einem exotischen, in phantasievollen Buchstaben aufgetragenen Namen beschriftet. Jene am Anfang der Schlange scheinen die in den Behältern verschlossenen Mysterien entschlüsselt zu haben, rasch äußern sie ihre Bestellung und machen sich mit glänzenden kleinen Tüten, die sie in ihre Einkaufskörbe oder Taschen stecken, davon. Je näher der Zeitpunkt der Entscheidung rückt, um so verlockender wird das noch nicht Probierte. »Dragon Well« klingt einfach zu verführerisch, um widerstehen zu können.

Tee-Drops

Diese kleinen Aromaperlen kann man nach dem Essen servieren, oder man gibt sie in eine Tasse warmen Wassers und löst sie zu einem leichten, süßen Instant-Tee auf.

¼ l Wasser
5 Beutel Pfirsichtee
400 g Zucker
¼ l Maissirup

Wasser und Teebeutel in eine Pfanne mit dickem, schweren Boden geben. Wasser zum Kochen bringen, darin den Tee zehn Minuten ziehen lassen. Teebeutel herausnehmen und die Pfanne wieder auf die Herdplatte stellen. Köcheln lassen, Zucker und Maissirup einrühren, bis sich der Zucker gelöst hat, dann auf 150 Grad C erhitzen (ersichtlich am Zuckerthermometer). Währenddessen zwei Blatt Backpapier einfetten. Die Masse sollte die Konsistenz von zähflüssigem Sirup haben. Die Temperatur von 150 Grad C nicht übersteigen, da die Masse sonst karamelisiert. Dann teelöffelweise zügig auf das Backpapier tropfen lassen. Eine halbe Stunde abkühlen lassen, bevor man sie vom Papier nimmt.

Ergibt vier Dutzend Bonbons.

Grüner Eistee mit Wildblütenhonig

Lösen Sie den Honig in warmem Wasser auf, bevor Sie ihn zu diesem aromareichen Erfrischungsgetränk servieren.

2 EL grüner Tee
1 l Wasser
2 EL Wildblütenhonig

Teeblätter in eine Teekanne geben. Wasser zum Kochen bringen und über die Blätter gießen. Fünf Minuten ziehen lassen, dann die Blätter entfernen. Den Tee abkühlen lassen, in ein Glas mit Eiswürfeln gießen und den flüssigen Honig einrühren.

Aufgüsse

Die beinah unendliche Vielfalt von *Camellia sinensis* birgt einen Geschmacksreichtum in sich, der nur mit dem Keller eines Weinkenners zu vergleichen ist. Die Möglichkeiten sind damit aber lange nicht erschöpft. Pflanzenblätter, Blüten, Rinden, Samen, Beeren und Wurzeln können für Aufgüsse in heißes Wasser getaucht oder für einen Sud ausgekocht werden. Ihre Aromen und oftmals vorhandenen Heilkräfte[1] werden seit alters her geschätzt. Pflanzen wie Mistel und Fingerhut solte man meiden; sie sind gefährlich, sogar giftig.

Ein kleiner Kräutergarten liefert alles, was für ein wohltuendes Getränk nötig ist. Einfach einige Zweige Rosmarin, Pfefferminze, grüner Minze oder Salbei abschneiden, in eine Kanne legen, heißes Wasser dazugeben und das Aroma entfalten lassen, und man kommt in den Genuß eines ganz individuellen Tranks. Aufgüsse können auch mit Kamille, Hibiskus, Lavendel, Orangenblüten und Rosenblättern bereitet werden. Die Teerose erhielt ihren Namen, weil ihr Duft dem Aroma des schwarzen Tees gleicht. Die getrockneten Hagebutten der Wildrose ergeben wie Zitronen- und Orangenschalen ein Getränk mit zitrusähnlichem Geschmack.

Auch der Gewürzschrank hält eine Vielzahl exotischer Zutaten bereit: Kardamom, Sternanis, Gewürznelken, Nelkenpfeffer, Vanillestangen, Pfefferkörner. Nur zu, experimentieren Sie. Stellen Sie sich Ihre eigenen Kompositionen zusammen und erfreuen Sie sich am Aroma und Geschmack ihrer Kreationen.

[1] Weitere Informationen siehe „Kleines Heilkräuter-Lexikon" von Prof. H. Schilcher im selben Verlag.

3

Zeremonie

上
揀選
名茶

China

Während der Tee sich über die gesamte Welt verbreitete, kultivierte jedes Land, jede Region eigene Traditionen und Riten. Manche ergaben sich aus der Notwendigkeit, einige aus praktischen und andere aus spirituellen Gründen.

In China, Schauplatz der ersten drei Jahrtausende Teegeschichte, wurde Tee zunächst als Arzneimittel, später bei der Meditation verwendet. Jahrhundertelang war er der Oberschicht vorbehalten und galt als Lieblingsgetränk des kaiserlichen Hofs. Heute ist er aus keinem Haushalt mehr wegzudenken und spielt im Alltag eine ebenso wichtige Rolle wie Reis, Öl, Salz, Essig und Sojasauce. Gäste werden mit einer Tasse Tee als Zeichen des Respekts begrüßt. Er wird vor und nach dem Essen serviert. Während der Arbeit sorgt er für wohltuende Pausen. Zugschaffner lassen dampfende Wasserkannen herumgehen, damit sich die Fahrgäste „ihren Tee" aufgießen können.

Teehäuser, seit der Ming-Dynastie beliebte Treffpunkte, verschwanden während der Kulturrevolution. Heute sind sie in beinahe jedem Marktflecken wieder zu finden. An Wochentagen kommen die Gemeindevorsteher mit ihren Vogelkäfigen noch kurz vor der morgendlichen Sitzung hierher. An Sonntagen verwandeln Familien mit Kindern das Lokal in einen Ort turbulenten Lebens. Tee ist allgegenwärtig und an keine bestimmte Stunde, kein besonderes Ritual gebunden. Er wird zu Ziegeln gepreßt, in Chrysanthemenform geknüpft, zu Borten geflochten und vor allem in den heimischen Kannen aufgegossen.

PAUL THEROUX

RIDING THE IRON ROOSTER: BY TRAIN THROUGH CHINA

Chinesische Züge können miserabel sein. Während der zwölfmonatigen Reise – in fast vierzig Zügen – sah ich keinen, dessen Toilette nicht verdreckt war. Die Lautsprecher dröhnten und nervten achtzehn Stunden am Stück – ein Andenken an die Zeiten der Berieselung mit maoistischen Parolen. Die Schaffner gebärdeten sich manchmal wie Tyrannen, und die hektische Nahrungsaufnahme im Speisewagen war oft der Mühe nicht wert. Aber das wurde durch freundliche Schaffner, gelegentlich gutes Essen, ein bequemes Bett und eine gehörige Portion Fatalismus ausgeglichen. Und wenn das alles nichts mehr nützte, gab es immer noch eine bauchige Thermoskanne mit heißem Wasser, mit dem man Tee zubereiten konnte.

Gebratene und in Tee gedünstete Ente

Es handelt sich hier um die verkürzte Version des traditionellen Drei-Tage-Rezepts; ein erlesenes Hauptgericht, das man am besten zu Reis mit Frühlingszwiebeln und gedünsteten Spargelbohnen serviert.

1 Zitrone, unbehandelt
1 Ente (etwa 2,5 kg)
½ l Wasser
1½ EL Lapsang-Souchong-Tee
80 ml Sojasauce
1 EL Pflaumen-Sauce
160 g Brombeeren
10 bis 12 Thymianzweige

Aus der Zitronenschale drei bis vier etwa fünf Zentimeter lange Streifen schneiden. Die Zitrone halbieren und beiseite legen. Die Ente unter fließendem Wasser reinigen und Fett-Taschen entfernen. Trockentupfen und mit der aufgeschnittenen Zitrone einreiben. Wasser, Teeblätter und Thymian in einen Bräter geben. Die Ente auf den Gareinsatz in den Bräter legen, zudecken und auf der Herdplatte das Wasser zum Kochen bringen. Die Ente dreißig Minuten dünsten. In der Zwischenzeit den Backofen auf 230 Grad C vorheizen. Ist die Ente fertiggedünstet, vom Herd nehmen und auf einer Aluminiumfolie ruhen lassen. Die Sauce durchsieben und aufbewahren. Nachdem der Bräter einige Minuten abgekühlt hat, mit Wasser auswaschen. Den Einsatz wieder in den Bräter geben und die Ente offen im Backofen eine Stunde schmoren lassen. Währenddessen die Sauce entfetten und in einer kleinen Pfanne warmhalten. Sojasauce, Pflaumen-Sauce, Brombeeren und Zitronenschalen dazugeben und aufkochen lassen. Die Ente ist durch, wenn sie außen knusprig braun ist, die Keulen sollten noch zart sein. Tranchieren und mit der warmen Sauce servieren.

Ergibt sechs Portionen.

HONGKONG
IMPRESSIONEN

Von den schweren Holzbalken im Tempel hängt in großen, geflochtenen Weidenspiralen das Räucherwerk; der intensive Geruch von Sandelholz vermischt sich mit dem Duft der Zeit und Ruhe. Aus der dunklen, mit Händen zu greifenden Stille schimmert es golden und scharlachrot. Widerhallende Töne eines Gongs künden eine Prozession an – ein Signal, das nur Eingeweihten verständlich ist. Die Mönche in ihren safrangelben Roben sind noch in ihre Meditation versunken, ihre Blicke irdisch und ätherisch zugleich. Draußen aber, vor dem Heiligtum stürmt ein Kaleidoskop an Bewegungen, Farben und Licht auf die Sinne ein; eine allgegenwärtige Intensität, die die polyglotten Scharen vom Hügel herabströmen läßt. In der Menge gefangen, außer Tritt, verspricht das Fenster eines Ladens einen Ausweg. Goldbraun gebratene Enten hängen über aufgeschichteten, bunten Törtchen, weiches Gebäck, mit nicht entzifferbaren Zeichen bedeckt und von unbekanntem Geschmack. Durch die Tür dringt, höflich, summend, ein Singsang, begleitet vom gedämpften Klappern schweren Porzellans. Das abgenutzte Äußere des Tisches spricht von zahlreichen Begegnungen, seine Kratzer wirken beruhigend. Hier ein Nicken, ein Fingerzeig dort, Gesten überwinden die Sprachbarriere: Der Kellner kommt mit einer dampfenden Kanne. Ineinander verschlungene Drachen umtanzen ihre Wölbung, ihre Pirouetten sind schon vor langer Zeit der Berührung von Tausenden Händen zum Opfer gefallen. Ein Schluck vom warmen, grünen Getränk belebt, läßt die Gedanken nach Hause schweifen, nach vorn: an den Nachmittag, morgen, an den nächsten Hafen.

Obwohl der Tee erst im 8. Jahrhundert n. Chr. von China nach Japan kam, entstand dort das ausgeprägteste Ritual. Die Teezeremonie, in der Religion, Kunst, Philosophie und Tee miteinander verwoben sind, entstammte einem Ritus, den wandernde Zen-Meister in Südchina kennengelernt hatten. Dort ließen Gläubige eine Schale Tee herumgehen, wenn sie sich vor dem Bild Bodhidharmas versammelten.

Aufgeklärte Mönche, Samurai-Krieger und mächtige Shogune trugen jeder auf seine Weise zur Gestaltung der Zeremonie bei und fügten immer ausgefeiltere Rituale hinzu. Im 16. Jahrhundert brachte der Teemeister Sen Rikyu Ordnung in die verschiedenen Stile und Form in die unterschiedlichen Elemente.

In ihrem Kern ist die Teezeremonie die Einfachheit selbst; in ihr sind Harmonie mit der Natur, Respekt für andere, Reinheit des Geistes und Seelenruhe vereint. Das Teehaus, *sukiya*, ist nur spärlich eingerichtet, die Bewegungen des Meisters und der Gäste sind auf das Äußerste reduziert. Dennoch ist jedes Detail vorgeschrieben; um Meister zu werden, bedarf es einer langen Lehrzeit. Denn der Weg des Tees – als solcher wird die Zeremonie bezeichnet – ist zugleich Pfad zur Erleuchtung. Es gibt zwei Formen der Zeremonie; eine längere, zu der ein Mahl gehört, und eine kürzere, bei der nur Tee und Süßigkeiten, oft in Gestalt einer der Jahreszeit entsprechenden Blume oder Frucht, gereicht werden. Der Tee ist immer *matcha*, zerriebener grüner Tee, der mit einem Bambusbesen schaumig gerührt wird. Dieses Ritual ist ein allumfassendes Erlebnis, das genaue Gegenteil der hastig zu sich genommenen Tasse Tee am Morgen.

中國茶業公

Indien – Tibet – Mongolei

Tee gelangte im Austausch mit anderen Gütern in die Nachbarländer Chinas. Ab dem 10. Jahrhundert trugen Karawanen Teeballen über die Wüsten und Berge in die Mongolei und nach Tibet, wo die anregende Währung gegen Wolle, Pferde, Moschus und Heilkräuter eingetauscht wurde. Beide Länder entwickelten ihre eigenen, noch heute üblichen Zubereitungsmethoden. In der Mongolei läßt man Tee zusammen mit Yak-Butter ziehen, seiht ihn anschließend ab, gibt Milch hinzu und erhitzt ihn erneut. Tibeter würzen ihren Tee mit Salz und rühren ihn mit Milch und Yak-Butter auf. Das gehaltvolle Getränk, das fast eine eigene Mahlzeit ist, wird oft zusammen mit *tsamba* serviert, einem Gersten- oder Mais- und Buchweizenfladen. Wie in China ist Tee ein Zeichen der Gastfreundschaft; tibetische Mönche achten ihn als heilige Gabe.

Weiter südlich besaß Indien seit langem die Assam-Varietät von *Camellia sinensis*, deren Wirkstoffe den Einheimischen zweifellos bekannt waren. Aber erst durch die Ankunft der teeliebenden Briten sowie ihrer Händler und Pflanzer wurde Tee zum Nationalgetränk. Tee-Wallahs schenken ihn heute in Buden am Straßenrand und auf improvisierten Bänken aus. Auf Bahnhöfen, den zentralen Tummelplätzen des indischen Lebens, wird Tee in Tontassen serviert, die aus hygienischen Gründen nach jedem Gebrauch zerschlagen werden.

Jasmintee-Eier

Diese Eier erfordern ein wenig Vorbereitung, sind aber eine köstliche und einzigartige Vorspeise.

6 hartgekochte Eier
750 ml Wasser
3 EL Jasmintee
2 EL Sojasauce
die getrocknete Schale von 2 bis 3 Mandarinen, ohne Fruchtfleisch

Die Schalen der hartgekochten Eier leicht anschlagen, so daß sich Risse bilden. Wasser, Teeblätter, Sojasauce und Mandarinenschalen in einem Topf mittlerer Größe erhitzen. Wenn die Flüssigkeit zu kochen beginnt, die Temperatur zurückdrehen und die angeschlagenen Eier dazugeben. Den Topf abdecken und die Eier drei Stunden sieden. Von der Herdplatte nehmen und bei Zimmertemperatur acht Stunden über Nacht stehen lassen. Eier aus der Flüssigkeit nehmen und eine Stunde kalt stellen. Vor dem Servieren schälen und vierteln.

6 Portionen als Vorspeise oder Snack

БАБЕЛЯ

Rußland

Nach Rußland gelangte der Tee eigentlich erst im 17. Jahrhundert, als durch den Vertrag von Nertschinsk – dem ersten zwischen den beiden Ländern – eine gemeinsame Grenze und ein Handelsweg mit China festgelegt wurden. Die Reise war lang und beschwerlich, und Tee war ein teurer Luxus, der dem Adel und wohlhabenden Gesellschaftsschichten vorbehalten war. Dies änderte sich erst mit der Fertigstellung der Sibirischen Eisenbahn zwei Jahrhunderte später: Nun wurde Tee zu einem Getränk, das sich jeder leisten konnte.

Die Erfindung des Samowars fiel mit der wachsenden Beliebtheit des Tees in der Bevölkerung zusammen. Dieses Gerät, das wahrscheinlich auf mongolische oder nordchinesische Vorgänger zurückgeht, bestimmte von nun an die russische Art der Teezubereitung und seines Genusses.

Der Samowar ist ein Kupfer- oder Bronzekessel, der von unten erhitzt wird. Auf dem Mittelschacht steht darüber die Kanne mit dem Tee-Extrakt, der warm bleibt und im Lauf des Tages immer stärker wird. Man schenkt sich von der Kanne ein und verdünnt das Getränk mit heißem Wasser, das man durch einen Zapfhahn aus dem unteren Kessel entnimmt. Statt Tassen werden Gläser verwendet, wodurch die gewünschte Stärke leichter zu dosieren ist. Im allgemeinen wird ein starkes Gebräu bevorzugt; man schlürft es zusammen mit einem Stück Zucker oder einem Löffel Marmelade. Auch Zitronensaft wird gerne beigefügt, eine Gewohnheit, die Queen Victoria mit nach England nahm.

Islamische Staaten

Über die Karawanenwege kam der Tee über Rußland in den Nahen Osten. Obwohl die Türkei eher für starken Kaffee bekannt ist, wird dort sehr viel mehr Tee getrunken. In türkischen Haushalten ist der Samowar den gesamten Tag über in Betrieb. Tee wird vor allem aus dem Glas getrunken und, je nach Geschmack, mit Wasser verdünnt. Im täglichen Leben spielt er eine so große Rolle, daß Mütter erst die Teezubereitungskünste der angehenden Schwiegertöchter prüfen, bevor sie der Heirat ihres Sohnes den Segen geben.

In Ägypten subventioniert die Regierung eher den Teeimport, bevor sie das Risiko gefährlicher Unruhen eingeht. Meist handelt es sich um minderwertigen Dust aus Sri Lanka oder Indien, der stark und mit viel Zucker genommen wird. Gästen zu Hause eine Tasse Tee zu reichen gebietet die Höflichkeit, und Teehäuser, von denen viele kohlenbetriebene Hookahs besitzen, sind eine Domäne der Männer, die dort miteinander plauschen und diskutieren.

In Marokko etablierte sich der Tee erst spät; eine Folge des Krimkrieges, durch den britische Händler neue Absatzmärkte suchen mußten. Aromatischer Minztee, ein Aufguß aus grünem Gunpowder und den Trieben frischer Minze mit Zuckerbrocken gesüßt, ist inzwischen fester Begleiter jeder Mahlzeit und des traditionellen Nachmittagssnacks, dem mit Mandeln gefüllten und in Honig getauchten süßen Gebäcks. Die Teezubereitung ist fast ebenso zum Ritual geworden wie in Asien und Männern vorbehalten. Die bauchige Kanne wird beim Eingießen hoch über die kleinen Gläser gehalten, so daß der verführerische Duft den gesamten Raum erfüllt.

TONY HORWITZ

BAGHDAD WITHOUT A MAP

Also trafen wir uns fortan im Getümmel des Khan-el-Khalili-Basars, wo wir uns gegenseitig auf einen Tee und eine Wasserpfeife einladen konnten – und dabei kaum mehr als zwei Dollar ausgaben. Unser Lieblingstreffpunkt war Fishawy's, ein Teehaus in einer Seitengasse, das seit zweihundert Jahren vierundzwanzig Stunden am Tag offen hatte, ohne daß irgend etwas darauf hingewiesen hätte, daß es jemals renoviert wurde. Einarmige Ventilatoren krallten sich verzweifelt an die Decke und sahen aus, als könnten sie jeden Moment niedergehen und ahnungslose Gäste köpfen. Jahrhundertealter Staub klebte an den Spiegeln und den wenig schmeichelhaften Porträts der früheren Besitzer: stattliche Männer mit Fez, die auf winzigen Eseln sitzen. Wacklige Stühle und Tische ergossen sich in die Gasse, die bereits voll war mit Bettlern, die Papyrus, Korane und Haschisch verkauften. Und dort saßen wir, rührten die Kohlen der ein Meter hohen Hookahs auf, gingen immer wieder den Plan für Yousris Flucht aus Ägypten durch und sprachen bis lange in die Nacht hinein über Frauen.

Thai-Shake

Auch mit Ihrem Lieblingstee ein Sommerdessert oder -getränk. Zitronengras, diagonal abgeschnitten, ergibt originelle »Strohhalme«.

500 ml Wasser
80 g Thai-Teeblätter
4 EL Vanille-Eiscreme

Wasser zum Kochen bringen, von der Herdplatte nehmen und die Teeblätter einrühren. Zehn Minuten ziehen lassen. Die Blätter absieben und den Tee 15 bis 20 Minuten im Kühlschrank kalt stellen. Kalten Tee und Eiscreme im Mixer gut vermischen. In vorgekühlte Gläser geben und sofort servieren.

Ergibt 2 Portionen à 250 ml.

Masala Chai

Diese ostindische Mischung ist würzig und mild zugleich.

4 TL ganze Korianderkörner
1 Sternanis
2 Zimtstangen, in kleine Stücke gebrochen
jeweils 1 TL ganze schwarze Pfefferkörner, Nelkenpfeffer, Kardamomsamen, Gewürznelken, getrocknete Orangenschale
1 TL geriebener Ingwer
½ TL geriebene Muskatnuß
3 l Wasser
2 EL indischer Schwarztee
1 EL Vanilleextrakt
Honig, Milch oder Sahne zum Abschmecken

Die ganzen Gewürze zusammen in einer Gewürz- oder Kaffeemühle grob mahlen. Ingwer und Muskatnuß daruntermischen. Das Wasser in einen großen Topf geben und die Gewürzmischung einrühren. Zum Kochen bringen, abdecken und fünfzehn Minuten köcheln. Teeblätter und Vanille dazugeben und drei bis fünf Minuten ziehen lassen. Die Flüssigkeit in einen großen Krug gießen. Honig, Milch und Sahne dazugeben oder separat anbieten und heiß oder gekühlt servieren.

Ergibt drei Liter.

Holländer hatten den Tee nach Europa gebracht, die Engländer aber machten ihn zu ihrem Nationalgetränk. Mitte des 16. Jahrhunderts begannen die noch jungen Kaffeehäuser ebenfalls Tee anzubieten, und von da an war das Land nicht mehr, was es einst war. Obwohl diese Einrichtungen ausschließlich Männern vorbehalten waren, übernahmen die Frauen zu Hause die neue Sitte. 1717 eröffnete Thomas Twining den ersten *Tea Room*, eine Teestube, die allen offen stand und sich zu einer Institution entwickeln sollte. Teegärten, eine spätere Erscheinung, in denen Männer und Frauen im Freien Tee schlürfen und dabei einem Orchester lauschen konnten, haben sich leider nicht durchgesetzt.

Anna, Herzogin von Bedford, führte Mitte des 19. Jahrhunderts den Nachmittagstee ein. Zur damaligen Zeit nahm man gewöhnlich nur ein großes Frühstück und um acht Uhr das Abendessen zu sich – die Dienerschaft hatte zwischen diesen beiden Terminen frei. Um ihren spätnachmittäglichen Hunger zu stillen, verlangte die Herzogin um fünf Uhr, wenn die Angestellten zurückkehrten, nach Tee und Kuchen. Das Ritual hat noch immer Bestand, auch wenn sich der Zeitpunkt ein wenig nach vorne verschoben hat.

Der Nachmittagstee kann lediglich aus einer Tasse Tee bestehen, er ist aber fast immer von Milch und Biskuits begleitet; aufwendigere Gedecke können auch Süßigkeiten und Pikantes enthalten. So bietet ein typischer *Tea Room* getoastete *crumpets*, Teegebäck, Gurken- oder Eier-Kresse-Sandwiches an – alles wunderbare Begleiter für »a nice cup of tea«, der eigentümlichsten aller britischen Eigenarten.

IRISCHE IMPRESSIONEN

Das Feuer, ein stetiger, geselliger Begleiter, knistert, faucht und zischt. Draußen mischen sich die Glockenschläge der Dorfkirche in den Gesang der Vögel, tönen ein-, zwei-, viermal. Als hätte der Kessel nur darauf gewartet, beginnt er langsam zu pfeifen, was sich zu einem schrillen Crescendo auswächst. Die dickbauchige Kanne heißt die Wärme willkommen; die Blätter wirbeln im belebenden Wasser. Von der Tasse steigt Dampf auf, behagliche Erinnerung an die Nebel, die über den Mooren liegen. Das Gebräu ist stark und erfrischend und besitzt allen Zauber eines irischen Geschichtenerzählers.

Earl-Grey-Mürbegebäck

Ein süßes Buttergebäck mit feinem Bergamotte-Geschmack.

120 g Butter (Zimmertemperatur)
60 g Puderzucker
180 g gesiebtes Mehl
60 g Speisestärke
1 EL Earl Grey, fein gemahlen

Backofen auf 180 Grad C vorheizen. Butter und Zucker in einer großen Schüssel miteinander verrühren, bis die Masse leicht und locker ist. Mehl, Stärke und Tee mit dem Knethaken einarbeiten, bis sich eine homogene Masse bildet. Den Teig auf einem gefetteten Backblech 20 mal 20 cm auswellen. 55 Minuten backen. Ganz abkühlen lassen und in fünf Zentimeter große Stücke schneiden.

Ergibt 16 Kuchenteile.

Scones

Ein leichtes und lockeres Gebäck,
schmeckt vorzüglich mit Konfitüre und Schlagsahne.

1-2 TL Backpulver
1 TL feiner Zucker
240 g Mehl
¼ TL Salz
1 Ei
120 ml Milch

Backofen auf 220 Grad C vorheizen. Alle trockenen Zutaten vermischen, dann Ei und Milch zugeben und einen Teig kneten. (Sollte er zu trocken sein, noch etwas Milch zufügen.) Den Teig auf einer bemehlten Arbeitsfläche zu einer Platte von ca. 24 cm Durchmesser ausrollen. Mit einem scharfen Messer acht Tortenstücke herausschneiden. Auf ein gefettetes Backblech legen und ca. 15 bis 20 Minuten backen. Noch warm servieren.

Ergibt 8 Gebäckteile.

Frankreich

Der Tee sorgte bei seinem Debüt in Frankreich für heftige Kontroversen, was ihn zum Tagesgespräch in den Pariser Cafés werden ließ. Zunächst als Heilmittel verkauft, galt er bei der Ärzteschaft jedoch nicht nur als unwirksam, sondern als geradezu gesundheitsschädlich. Trotzdem frönte die modebewußte Aristokratie jener Zeit, die allem Exotischen mit großer Faszination begegnete, dem Teegenuß. Und die Vorliebe der *médecins* für Kräuteraufgüsse zeigte nachhaltige Wirkung: Tee aus Kamille, Minze, Lindenblüten oder Eisenkraut ist noch heute ein beliebtes Getränk für den Nachmittag oder nach dem *dîner.*

In den Pariser Straßen und an Marktplätzen kleinerer Dörfer stellt der *Salon de Thé* die weniger laute Alternative zu den allgegenwärtigen Cafés dar. Alkohol wird nicht ausgeschenkt, und nach echt französischer Art ist die Auswahl der Tees und Kräutermischungen von gewohnt hoher Qualität. Besonders beliebt ist Earl Grey, dessen Bergamotte-Aroma dem gallischen Gaumen ungemein entgegenkommt. Natürlich werden dort auch Tartes, Clafoutis und Petit Fours angeboten, oftmals ergänzt durch amerikanische Importe wie Brownies oder Muffins. Während Cafégäste an der Theke stehen und in wenigen Minuten einen *café noir* oder ein *bière pression* zu sich nehmen, ist der *Salon de Thé* zum Verweilen gedacht. Will man in Frankreich Tee trinken, gibt es keine Alternative, da die meisten Cafés nur eine Tasse lauwarmen Wassers anbieten, der ein Teebeutel von ausgesucht minderer Provenienz beiliegt.

Monde

TEA

attitude

Amerika

Hätte England seine Kolonie nicht mit einer erdrückenden Steuer auf Teeimporte belastet, wären die Amerikaner heute wahrscheinlich ebenso gewissenhafte Teetrinker wie die Briten. Ihr revolutionärer Eifer ließ sie jedoch zu Kaffee wechseln, und seitdem hat es der Tee schwer, wieder Fuß zu fassen. Dennoch hinterließ amerikanischer Erfindungsreichtum seine Spuren in der Geschichte des Tees.

1904 war ein englischer Teehändler namens Richard Blechynden bei der Weltausstellung in St. Louis mit der Mission betraut, der Bevölkerung im Mittleren Westen den schwarzen Tee nahezubringen. Wegen der heißen Temperaturen zeigte niemand sonderliches Interesse an seinem Getränk, also goß er es einfach über Eis, was durchschlagenden Erfolg hatte. Vier Jahre später versuchte Thomas Sullivan, ein New Yorker Teeimporteur, Verpackungskosten zu sparen und nähte – statt teure Metalldosen zu verwenden – seine Teeproben in kleine Seidenbeutel. Die Nachfrage stieg, aber seine Kunden zeigten sich enttäuscht, als ihre Bestellungen weiterhin in Dosen geliefert wurden. Sullivan kam ihren Wünschen mit handlichen Beuteln entgegen, für deren Material er statt Seide weniger kostspieliges Musselin und schließlich Papier verwendete.

Deutschland

Sie saßen und tranken am Teetisch
und sprachen von Liebe viel;
die Herren, die waren ästhetisch,
die Damen von zartem Gefühl.

HEINRICH HEINE

Am Hof von Versailles trank Liselotte von der Pfalz zum ersten Mal Tee – und fand ihn gänzlich ungenießbar: „Thee kombt mir vor wie Heu und Mist, wie kann so etwas Bitteres und Stinkendes erfreuen?" Es ist nicht überliefert, welche Sorte der pfälzischen Prinzessin gereicht wurde oder ob es die unsachgemäße Zubereitung war, die sie zu diesem Ausspruch veranlaßte. Auch heute noch ist Deutschland keine Nation von Teetrinkern. Gerade ein Prozent der gesamten Tee-Erzeugung gelangt – in der Regel über den Hamburger Hafen – ins Land. Dafür sind jedoch die Qualitäten erstklassig und meistens hochwertiger als in anderen europäischen Ländern, und es gibt ein deutliches Nord-Süd-Gefälle im deutschen Tee-Alltag: In Norddeutschland wird zehnmal soviel Tee getrunken wie im übrigen Bundesgebiet! Bevorzugt werden dabei beste indische Tees, wie u.a. Darjeeling, aber auch gute Blends.

Man genießt den Tee pur oder mit Milch aus Porzellan oder aus dem Glas. Gesüßt wird mit „Kluntjes", dem weißen Kandis. Und bei steifer Brise und niedrigen Temperaturen ist ein Schuß Rum sehr willkommen. Je steifer die Brise, desto „steifer" der Tee.

Liste der Rezepte

Earl-Grey-Mürbegebäck 89
Eis am Stiel aus grünem Tee und Rosenblättern 23
Fruchtschale mit schwarzem Johannisbeertee 38
Garnelen in Lapsang-Sauce 51
Gebratene und in Tee gedünstete Ente 66
Grüner Eistee mit Wildblütenhonig 56
Jasmintee-Eier 74
Masala Chai 83
Pfefferminztee-Plätzchen mit Bitterschokolade 45
Salat von grünem Tee 15
Tee-Drops 56
Teegebäck 89
Thai-Shake 83

Abkürzungen in den Rezepten

l	Liter
ml	Milliliter
g	Gramm
EL	Eßlöffel
TL	Teelöffel

Teesorten auf den Seiten 20 und 21

1. Reihe, von links nach rechts
Pu-erh, Spring Plum, Violette, Gyokuru Karigane Cha

2. Reihe, von links nach rechts
Perle du Thé au Jasmine, English Breakfast, Genmaicha, Marokkanische Minze

3. Reihe, von links nach rechts
Darjeeling Badampton, South Africa Thé Rouge, Black Tea Flower, Bai Hao Cha

4. Reihe, von links nach rechts
Montagne d'Or, Sencha, Kukeicha, Assam